JN008556

ひだり
ポケットの
三日月

三上大進

KODANSHA

はじめに

「スキンケア研究家」という（きっと皆さん、聞いたこともないような）肩書を自称している私ですが、この本にはその研究結果はおろか、今日から実践できるキレイの裏技も出てきません。

この本を出すと心を決めてくださった、美容雑誌「VOCE」編集部のことが頭をよぎります。やはり美容ネタの一つでも披露したほうがいい気もしますが、これまで私が歩んできた道のりを振り返り、時のかけらを繋《つな》いでいくうちに、ページはいっぱいになってしまったのです。

はじめまして！　三上大進です。数ある書籍の中からこの本を手にとってくださったこと、感謝いたします。本当にありがとうございます。

突然ですが、私は生まれつき、左手指が2本です。手のひらの両端に、短い指が2本、弧を描くように曲がって付いています。
小さくて、かなり不恰好ですが、すごくよく言えば
三日月のようなカタチです。

そんな左手の2本指と、右手の5本指。
合わせて、ラッキーセブンの7本指で生活しています。

この状態を医学的には「左手指が3本欠損している」と
表現するのが一般的なのだそう。「欠」けて「損」して
いる、ともとれるこの言葉。
改めて見ると、結構攻めた表現な気がするのは、きっと

私だけじゃないはずです（笑）。

障害があるという「事実」はたった一つですが、その「解釈」は無限大です。

2本残っているという解釈、3本欠けているという解釈、はたまた、まさかのラッキーセブン！　足し算、引き算、どちらを選んでもきっと間違いではありません。でもせっかくならば、人生という航海を前向きに舵をとって進んでゆける選択を、日々重ねていきたいなと願っています。

一見、楽観的に見える私ですが、
30年以上生きてきたら、人生いろいろあるものです。

左手に集まる〝興味本位の視線〟や〝心ない言葉〟を、
どうしても受け止めきれない日もありました。
この左手がみんなと同じカタチだったら、自分は「普通」
でいられるのかな、と思ったことは、一度や二度ではあ
りません。

いや、そもそも「普通」って、何なんだろう。

そんな時に、きまって私が逃げ込んだのが「ひだりのポケット」でした。傷だらけでやり場のない2本の指を無条件で受け入れ、すべてのことから守ってくれる——ポケットは、私にとって救いのような存在でした。

古いアルバムを見ると、ポケットに左手を突っ込み、どこか寂しい笑顔をした私が、どのページにもいます。

人との違いに劣等感を抱いて、それを隠すことで自分を
完璧に見せられると信じていた頃。

今だから言えることがあります。
そんな自分のことが、嫌でしかたなかった。
自分を可哀想だと思いたくないのに、そう思ってしまい
そうな、そんな辻褄《つじつま》の合わない自分を周りに悟られない
ように、必死でした。

その頃から歳を重ね、障害の受け止め方も少しずつ変化
しましたが、今でも、「ひだりのポケット」に逃げ込む

ことがあります。でも今はもうそんな自分に、悲しくなることはありません。

堂々とすることで得られる自由、
隠すことで守ることのできる自由。
そのどちらも素晴らしくて、そして尊いという事実を、今日の私は知っています。

もしあの頃の自分に会えたとしたら、そうやって悩んで、落ち込んで、でも自分のことを許すことを諦めなかった貴方のおかげで、今の自分に出会えたよって、伝えてあげたい。

白状します。全然完璧じゃないのに、そんな風に自分を肯定できる今の自分のことが、すごく好きです。
そしてそれと同じくらい、長い間、自分のことが嫌いでした。この本を読んでくださっている方にもきっと、様々な考えがあると思います。

きっと誰もが、自分ではどうしようもない悩みや不安を抱えながら、時にそれをポケットにしまいながら、今日を必死に生きている。

ありのままの貴方が尊く美しいのだというメッセージを
この本に託して、贈ります。
そして昨日よりほんの少しでも、
貴方が自分のことを愛せますように。

「自分のことが好きで、自分のことが嫌いな、
世界に一人の貴方へ。」

私についてもう少しだけ

「はじめに」でも書かせていただきましたが、私は生まれつき左手に障害があります。右手には5本の指、左手には2本の指、合わせてラッキーセブンの7本指。

正直、不便なこともあるにはありますが、生まれてこの方ずっとこれです。日常のほぼすべてのことが、不器用ですが一人でできます。実際、ちょっとくらい不器用な子のほうが可愛くてモテる、とも聞いています。

障害を理由に何かを諦めなければならない場面が、人生の中で何度もありました。その都度、自分自身に絶望していては心が持ちません。だからこそ左手以外のすべてを完璧にしようともがき、障害を周囲に悟られないよう、ひたすら隠していた時期もありました。

歳を重ねて、様々な出会いがあって、受け止め方が少しずつ変化していったのは、実はこの数年のこと。

今はこちらから左手のことを進んで打ち明けることがで

きます。本当に必要な時は周りの方にサポートを頼めるようにもなりました。とっても、生きやすい！

それでもあの頃、誰にも気づかれないようにポケットの中、ひとり握りしめた左手の温度を、虚しさを、きっとずっと、忘れることはないのだと思います。

……だからでしょうか。ポケットに手を突っ込んでいる男性に、つい目が奪われます。（え）

私は物心ついた頃から、男性が好きです。それはもちろん恋愛対象として、です。自慢できるような恋愛はしてきていませんが、胸がときめくのも、ミラクルロマンスを感じるのも、いつだって、どうしたってメンズでした。何を隠そう、初恋の相手はタキシード仮面です。

自分自身の性別については「未定」というスタンスで走らせていただいています。自分では特にカテゴライズをしていません。男性でもないですし、女性でもない。ユニセックスという言葉がやたらと心地よいのですが、この状況を一言で表現するうまい言葉が見つからないので、〝オカマ〟と自称することで凌《しの》いでいます。〝オカマ〟という響きは、人によって賛否両論あると思いますが、自分にはこの表現が重くもなく軽くもなく、ちょうどいい塩梅なのです。

いつかジブリ映画のような素敵な恋愛の果てに、おおらかな旦那さんと結ばれて、海の見える街で小さなパン屋でも開きたいな。黒いネコも飼ったりして。

私のラブロマンスについては、とっても詳しくご紹介したいところですが、ページ数の都合により、割愛して大サビだけを後の章でご紹介いたしました。

大学を卒業して、憧れていた外資系の化粧品会社に就職したものの、待っていたのは、てんてこ舞いの大忙しな日々。自称バリキャリ時代。人生で最も睡眠時間が短かったのは、まさにこの頃です。

そんな私がひょんなことからＮＨＫの東京パラリンピックのリポーターとして採用されることになった際には、社内は小さな騒ぎとなりました。

突然テレビの世界に足を踏み入れようとした私の決断

に、周囲は驚き猛反対でしたが、当の本人は、どこ吹く風。結果的にこの時の選択が私の人生に、これまでになかった大きな変化と意味をもたらすことになります。

2018年から約3年半のあいだ、東京パラリンピックの放送をはじめ、様々な関連番組にNHKのリポーターとして出演していました。

先日、赤坂郵便局前の信号で「東京パラでの三上さんの走り、感動しました！」と声をかけてくださった素敵なマダムへ。思わず「ありがとうございます！」と厚く御礼を伝えてしまいましたが、貴女も私も記憶がおぼろげになる頃ですね。私は陸上選手ではなく、リポーターを務めておりました（そして担当種目は水泳。あ、でも確かに会場を走り回ってはいた）。

順風満帆だったリポーター生活が、新型コロナウイルスの感染拡大で一転します。

出演番組はなくなり、大会も見通しが立たないまま延期に。それまで準備してきた成果が無に帰すかもしれず、今後約束された収入もない。家で一人、自分で選んだこの道は正しかったのかと体操座りで悩みました。

もし一曲歌える時間をいただけるとしたら、『翼の折れたエンジェル』を。あの名曲を切々と歌い上げる自信があります。

聞いてくれる観客もいないまま、部屋で一人口ずさみながら、いつかは飛べるエンジェルになると言い聞かせる日々が続きました。

翼折れかけの2020年下半期のこと。家でやることもなく、彼氏もいない私の夜はやたらと長い。

秋の夜長が一生終わらないのです。

その頃ちょうど流行りはじめていたインスタグラムのライブ配信を、ある晩、ふと試しにやってみることにしました。

はじめは観てくださる方は20名ほどでしたが、初めて自分を応援してくださる仲間と繋がれた経験は、感動と青天の霹靂《へきれき》。まるで秘密基地を見つけたような気持ちで、興奮が冷めなかったことを覚えています。それ以降、毎晩のようにライブをするようになりました。

自分の言葉が、誰かの心に届いていく。
いつしか「インスタグラム」は、私の翼となりました。

そしてこのライブがきっかけとなり、後に自分のスキンケアブランドを立ち上げることになることを、この時の私はまだ知りません。

障害、ジェンダー、恋、挫折。そして、美容――

誇れるようなエピソードは少ないですが、
皆さまの胸に一つでも、
何かメッセージをお届けすることができたら幸せです。

目次

第2章

美容は心の処方箋……67

第3章

障害と個性……113

第4章

大きな声で、Be Happy!……159

第1章

パラリンピック奮闘記

そして僕は途方に暮れる

大好きな歌、『そして僕は途方に暮れる』――。

こんなにも途方に暮れまくることが現実の世界であるのか？

ということがありました。

ＮＨＫでリポーターを務めるはずだった２０２０年の東京パラリンピックが、新型コロナウイルスの影響で延期された直後のこと。

「あなたは今、沈みゆく船に乗ってます。今後、どうしたいですか？」

局に向かうバスの中。上司から届いた一通のメールに、開いた口が塞がらなかった私の顔は、相当マヌケだったはず。あの頃、マスクをしていて本当に良かった。窓の外には、強い風雨が轟々と打ちつけていました。船より先に、バスが沈んでしまいそうなくらい。

東京パラに向けてＮＨＫが障害のあるリポーターを公募していた２０１７年、私は化粧品会社でマーケティングの仕事をしていました。多少できる英語を活かして、土日に通訳か何かのボランティアなら、できるかも？　そんな気持ちで候補者の中でたった一人「週末ボランティア要員」という謎のポジションで選考に臨むことになりました。

もし選ばれることになったら、海外のイケメン選手と、目くるめく恋の祭典が始まるかもしれない。そんなよこしまな魂胆をよそにとんとん拍子に選考は進み、なぜか最終的に週末ボランティアではなく、フル出勤のリポーターの座を摑《つか》みとってしまいました。

会社員を辞めるつもりはなかったはずなのに、NHKからいただいたお話に心が激しく揺れ始めます。恋の祭典に向け、うっかりラブレボリューションの予感すら感じ始めます。

NHKの採用担当者さんからは、
「三上さんはご自身のことを障害者だとは思っていないと、話してくださいましたよね。障害のある人とそうでない人が、互いに多様性を認め合う社会の実現の架け橋に、そのきっかけの一つに、三上さんはきっとなることができます。

この仕事は誰でもができるわけではないんです。私たちは三上さんに、来ていただきたいんです」

というお言葉をいただきました。

白状します。「自分を障害者だとは思っていない」というのは、当時の私の強がりでした。劣等感や障害そのものから目を背けようと必死だった、というのが本音です。

障害を理由に何かを断られた経験は何度もあったけど、そういえば左手にチャンスを与えられたことなんて、これまで一度でもあっただろうか――。

架け橋なんて言葉は大袈裟かもしれないけれど、初めてこの2本の指に役割と意味を与えられたような気が、その時確かにしたのです。

それに恋の祭典だって、諦めるには惜しすぎる。

もしかしたらこれは、これまでずっと見ないフリをしてきてしまった左手と、正面から向き合う最後のチャンスかもしれない。

「私にしかできない使命」みたいなすごいものじゃなくて、「私だから果たせる役割」がもしかしたらそこにはあるような——。

勤めていた化粧品会社を退職する際、大好きだった当時のフランス人の社長からは、

「On n'a qu'une vie.（＝人生は一度だけ）人生に一度しかない〝2020〟というチャンスを、逃すのはキミらしくないよ」

なんともロマンチックな決め台詞をいただきました。
今でも、色褪せずに私の心に根づいている言葉です。

世界で一番、綺麗な夕焼け

そこからは毎日がガラッと変わります。

自分を取り巻いていた化粧品とマーケティング資料は、ピンマイクとスタジオ台本へと一変しました。

それでもミスト化粧水とハンドクリームは欠かさず持ち歩き、どこでもかしこでも、何はともあれ一日、保湿（スタジオは信じられないほど乾燥しているのです）。そして誰に頼まれているわけでもないのに、周囲にも保湿を推奨し始めます。

私の熱心な保湿活動をキッカケに、パラ選手と仲良くなれたこともありました。例えば水泳選手はプールの塩素で肌が乾燥しやすい。車いすを漕ぐ時の摩擦で手指がカサカサになっていた選手もいました。私のハンドクリームの出番です。

生まれた時から両腕のない男性選手の顔に、ミストをかけてあげた時の嬉しそうな表情を思い出します。

「おー！　これ気持ちよくていいね。どこで買えるの？」

自分が好きな美容をきっかけに、少しずつ選手に心を許してもらえるようになり、取材の時間もどんどん楽しみになっていきました。

ああ、私はこの時もこうやって、幾度となく美容に救われていたんだな。

ある大会での取材が終わった、帰り道の電車の中。自分と同じように片方の手に障害のある選手と二人で「片手で生きると大変なこと」を語り合った日を、昨日のことのように覚えています。

〝片手でフライパンを振りながら、もう片方の手で炒める〟
〝片手でスーツケースを運びながら、もう片方の手で地図を見る〟

小さなことですが、自分だけが、たった一人で背負っているつもりだったたくさんの〝大変〟が、ガタンゴトン、ガタンゴトンという音とともに、ほどけていくような気がしました。

「わかるよ。チャーハンは毎回、ちょっと焦がすよね。でもさ、そのくらいのほうが美味しくない？」

——謎の負け惜しみに笑い合いながら、電車の窓越しに見えた夕焼けは、びっくりするほど綺麗だった。

心の電気が消える音

東京オリンピック・パラリンピックの延期が決まり、新型コロナウイルス感染拡大防止のため、約束されていた取材や公開練習、試合まで、そのすべてが立ち消えていきました。

延期された２０２１年に果たして開催されるのか、再び延期になるのか、はたまた中止になってしまうのか？　組織委員会にも、選手にも、ＮＨＫにも、当然私にだってわかりません。ただ一つ確かなことは、状況が良くないということだけ。

世論調査で中止すべきという意見が一気に増えはじめた頃から、私の心の電気は省エネモードになっていきました。どんなに気持ちを奮い立たせて、自分にできることを探そうとも、選手への取材の機会はほとんどない。

私の出演予定が書かれていた局内のホワイトボードはそれはもう、まるで白馬《はくば》のゲレンデのように真っ白でした。白馬に行ったことはないけど、きっとそのくらいの白さだったに違いありません。ゲレンデが溶けるほど恋したいはずだったのに。

「大丈夫、私の役割はまだちゃんと残っている」

何度も自分に言い聞かせながら、パラスポーツの現状をスタジオでひっそりとリポートします。開催にかける思いや願いが、たくさんの人の努力が、観てくださる方に届きますように……！　大丈夫、きっと大丈夫。

放送を終えて、恐る恐る開いたSNS。

画面の中のコメントが視界に冷たく広がります。

「オリパラ開催なんて、無理な話。もうこのトピックどうでもいいよ」

もう省エネの豆電球しかついてない、いやほぼ蠟燭《ろうそく》の灯だった心の電気がパチンと消えた音がした。

あれ？　私……なんのためにリポーターになったんだっけ。

その夜。

何も聞こえない、何も聞かせてくれない、まさに壊れかけのラジオだった私の携帯にピコン！　と灯《とも》った一通のＬＩＮＥのメッセージ。それは、仲良しのパラ選手からのメッセージでした。

「まぁ色々あるけどさ、逆境は得意だよね、私たち。そもそも不利な状況からスタートしてるから」

大変！

省エネどころか、とっても明るいパラ選手。

もはや眩しい！

それなのに私ときたら、勝手に電気を消しちゃって、一人でおやすみモードに入ろうとしていたなんて！

大至急、全灯モードで点け直しです。

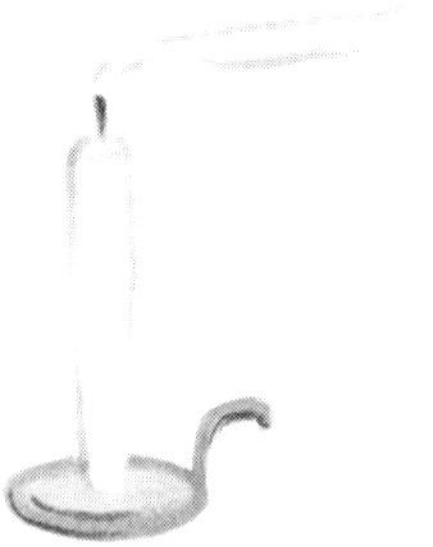

それが私にできること

障害や、持って生まれた特性は、誰一人として同じということはありません。両腕がない人、目が見えない人、義足の人、知的障害のある人――その程度も種類も、一人ひとり異なります。

誰もが様々な違いを抱え、生きるために工夫を凝らしながら、毎日、なにかしらの「逆境」に立ち向かっています。

例えば、私は硬めのお肉が好きですが、〝一口サイズに切ることが難しい〟という「逆境」があります。障害のある左手の短い２本指では、フォークを支えるので精一杯。ナイフを動かす右手の力が強くなるほど、左手にかかる負担は大きくなります。もう、痛くてしかたがないのです。

以前はその「逆境」や人との違いを知られたくなくて、痛みに耐えながら決死のポーカーフェイス。あの頃の私の表情管理は、人気アイドルにも負けないはず。清々しい笑顔の下で、血豆を作ったことが何度もありました。

それが生まれた時からあるものか、人生の途中で負ったものかはさておき、パラ選手は皆、なにかしらの障害があります。私のようにわざわざ「あ〜、痛い痛い」と騒ぎ立てたりしないだけで、それぞれが「逆境」と向き合いながら、今日を生きている。

人によってそれは段差であり、坂道であり、プレッシャーであるかもしれない。そもそも〝不利〟な状況からスタートして、そこから良い結果を目指し、どう挑戦していくかを考える専門家なのです。

パラリンピックの父とも呼ばれる医師、ルートヴィヒ・グットマン博士は、こんな言葉を遺しています。

〝失ったものを数えるな、残されたものを最大限に生かせ〟

『失ってしまった大切なものに胸を痛めたり、人との違いに落ち込んだりする経験は、誰の人生にも起こりうる。だから、そのことで執拗に自分を責めなくても良い。そのことばかりに時間を費やしてしまうよりも、その手に残されたもの、与えられたものに、勇気を出して目を向けてみる。もしそれがたった一つしかなくて、頼りないものだったとしても、それを精一杯磨こうと努力をする人に、成長の扉は開く』

パラ選手を取材して、彼らを知っていく時間の中で、この言葉の意味を何度も考えるようになりました。

障害があったとしても、そうでなくても。どうしようもできない現実と日々向き合いながら、誰もが何かに立ち向かっているということを、忘れずにいたい。きっと地球のどこかで、今この瞬間も、数えきれない名もなき挑戦が生まれている。

グットマン博士、私はパラ選手ではないのですが、貴方の考えをしっかり心に根ざしています。なので、こんな風に勝手に長文の意訳をしていることに関してはどうか大目に見てください。

当時、選手たちは制限の多い生活の中で、それでも、自分たちに残されたものと向き合い、前進することを止めようとはしませんでした。「失ったものを数えるよりも、大切なことがある」ことを、彼らは知っていたのです。

メッセージはこう続きます。

「みんなが応援してくれる日はきっと戻ってくるから、その時〝スポーツっていいな〟と思ってもらえるように、今は頑張らないとね」

その一言に気づかされました。

番組に出られなくたっていい。無理だと突き放されたって構わない。たとえその日が、来なかったとしても。

でももしその日が訪れた時には、選手たちが諦めずに挑み続けてきた道のりを、伝えられる準備は私がしておこう。

「私だから果たせる役割」は、テレビに出ることではないということに気がついたのは、その時でした。

手には取材メモと、100円のボールペン。

もう大丈夫。私のこの船は、絶対に沈ませない。

不細工で最強な相棒

自分で自分を奮い立たせる日々が続き、２０２１年の夏についに東京オリンピック・パラリンピックは開催されました。

世間では「綱渡りの開催」とまで言われる中、大会が始まってからの私は毎日、まさに綱渡り状態です。限られた環境でしたが、生放送で選手の情報をリポートすることができたのは、地道に準備を続けていたあの日々のおかげでした。

手には、いつもの取材メモ。選手の身体にはどんな特徴があって、どんな逆境や課題があるのか。どんな工夫の先に、どんな強みを摑《つか》みとって、今ここに立っているのか――無造作に貼られた折れた付箋たちに、色褪せかけた走り書き。

整っているとはとても言えない不細工な一冊ですが、私にとっては検索エンジンよりも頼り甲斐のある、相棒でした。

そのメモ帳は、今振り返ると選手たちとの交換日記のようにも思えます。放送できやしないのに、とある選手が〝恋人との初デートで撮った写真をこっそりお守りにしている〟という初々しい内容の走り書きには、丁寧にピンク色のマーカーが引かれています。

時が過ぎて、少し淡くなったその色には、当時の私なりの「バレないでよ」という応援と、小さな羨ましさが滲んでいるような気がします。

ちなみに私のお守りは、10歳の時からうっかり今も一緒に寝ているブタのぬいぐるみ。奇しくも淡いピンク色です。

早朝から夜遅くまで、準備、リハーサル、生放送、移動、と分刻みのスケジュール。メイク時間はほぼ睡眠時間となっており、半分気絶しながらやっていただいていました。
「もうスッピンで出てもいいですか？　ヘアメイクさんにも失礼ですし」と上司に聞くと、
「それは画《え》として視聴者の方に失礼ですね」と返ってきた時のことを私は一生忘れない。

でも「画面に映る三上さんの肌がとてもキレイだと、スタッフが口々に言っていますよ」
とつけ加えてくれたので、私の心はたちまち気分爽快です。今日はとことと

ん盛り上がれそう♪

以前インスタライブで「障害のある選手のことを無闇に〝カッコいい〟と言って失礼にならないか、少し心配なんです」とコメントをいただいたことがありました。

選手に向かってめったやたらに「カッコいい」を連発してきた私には青天の霹靂《へきれき》だったので、選手たちとのグループＬＩＮＥで急いで相談。返ってきたメッセージは想像の斜め上でした。

「カッコいいって言われるために練習頑張ってるんだけどなぁ」
「カッコいいは素直に嬉しいから毎日でも言われたいね」

……よかった（笑）。もう迷うことはありません。

障害のある自分だからこそリアルに共感することのできた選手たちの挑

戦の凄まじさを、放送時間の限りあらゆる言葉に託して、届け続けました。
ラブレボリューションも勝手に一人で全開です。

気づけば日本が「パラ選手、カッコいい！」と胸をときめかせた瞬間が、あの時、確かにありました。

どうか誰かの胸に、その一瞬が残っていますように。

真夏の夜の部屋

東京パラリンピックは夏の嵐のように過ぎ去っていきました。

一息つけたのは、閉会式の放送を終えて、やっと自宅に戻ってきてから。大会期間中はずっとホテル滞在だったので、久しぶりの帰宅でした。

すっかり夜です。

見慣れたいつも通りの自室。とにかく暑かったので、冷房を慌てて付ける。あー暑い。もうクタクタです。床に座り込んで、ゆっくり見ることができていなかった携帯の画面、インスタグラムを開いてみる。すると、そこにはいくらスクロールしても終わらないぐらいのたくさんのＤＭが溢れていました。その中には、取材したパラ選手からのメッセージも。

「大ちゃんのリポート、最高だったよ！　愛しかない！」

……本当だよ、もう愛しかなかったから。それまで一度も弛《ゆる》まなかった涙腺に、グッと込み上げそうなものがあります。でもダメよ、明日は朝から撮影がある。この期に及んで目の浮腫《むく》みを警戒する私の見栄っ張りはたまげたものです。

そのまま、他のＤＭも読み進めていきます。

『三上さんが放送中に紹介してくれた、選手一人一人の特徴やエピソードがとても興味深く、そんな選手たちを応援したくなって、競泳を見るようになりました』

『今回の放送でパラリンピックの素晴らしさや面白さを知り、気がつけばずっと観戦していました』

『毎日パラリンピックの放送を見ていました。違いがあることは、こんなにも素晴らしいことなんだと思いました』

『一生懸命に選手紹介をする三上さんのリポートがパラリンピックを見るきっかけを作ってくれました』

『パラリンピックを見て、これまでと世界の捉え方が変わりました！』

『選手たちの気迫あふれる姿が印象的でした。素晴らしい時間をありがとうございました！』

『三上さんのパラリンピックにかける思いや情熱を感じました。お疲れ様でした！』


部屋に流れるエアコンの音。

白く光を放ったスマホの画面が滲んでいく。

明日きっと、まともに目は開かないだろうけど、もういいや。

楽しかったことも、落ち込んだことも。
頑張ったことも、こっそりサボったことも。
すべてを知っている部屋をゆっくり見渡しながら、
走り抜けた3年半に、ゆっくりとピリオドを打つ。

すべての人や環境に感謝をしながら、
私のリポーター人生は幕を下ろしました。

パラリンピックがくれたもの

パラアスリートたちとの交流は、今も続いています。
これは、視覚障害で全盲の選手と食事に行く時の話。

私はその時間だけ、その人の〝目の一部〟になります。10時の方角にワサビが置いてあるから気をつけてね、とか、右手の前に置いてあるスープからは湯気が立っているからね、といった感じ。食べ物の位置や距離感などを口頭で具体的に伝えます。

何を隠そう、彼は辛いものが苦手。そして極度の猫舌である。

これまでの経験上、その2つの位置だけは確実に把握してもらい、あとはザッとだいたいの位置を伝えたらOK。もうこっちが説明するのも待たずにドンドン勝手に自分で食べ進めてしまうからです。ずっと思ってたんだけど、どんだけ腹ペコなの？

以前は過剰なサービス精神で「全部正確に説明しなくちゃ！」と奮闘したこともありましたが、彼が「もっと気楽に」と言ってくれたことで、私は一瞬で開き直ります。そうです、向こうには向こうのペースがありますし、私だって自分の食事を楽しみたい。

この〝ほどよさ〟が、ちょうど良かった。
そんな風に私が彼の目の一部を担う代わりに、硬いお肉が出てきた暁《あかつき》には、彼が私のぶんを一口サイズにあっという間に切ってくれます。さすがの腕っぷしに、大助かり！

この阿吽《あうん》の呼吸のやり取りにつけられる名前はないのですが、お互いがお互いに残されたものをリスペクトしあって、それぞれが得意とすることを交換しあえる――

この時間がすごく心地好いのです。相手にもそう思ってもらえる存在でいたいと願っています。

リポーターの経験を経て少しずつ自分の障害に目を向けられるようになった過程で、気づいたことがあります。

それは、自分自身の「チガイ」を受け入れることができた深さのぶんだけ、誰かの「チガイ」を受け入れられるようになるということです。

人と違うことは決して悪いことではありません。それは紛れもなく自分の一部であって、時に個性と思えることだってあります。

そのことで落ち込むことがゼロになることはないかもしれませんが、
そのチガイも含めて、世界にたった一人の、かけがえのない私、
そしてアナタなのです。

そう言えるようになったことが、
私がパラリンピックから貰った小さなレガシーなのかもしれません。

第2章

美容は心の処方箋

学ランの私が、譲れなかったもの

学ランを着た中学生の頃。

恋のライバルたちは、それはもう強者ばかり。学校中の美人がこぞって、彼のことが好きでした。もれなく私も。

当時の私は顔にはニキビ、身体は愛され幸せ体型。左手には知られたくない劣等感を抱え、そして何を隠そう、彼と同じ〝男子生徒〟でした。

この恋、とんでもなく不利！　数多《あまた》のライバルに勝てるはずもなければ、自信も持てず……そして、この気持ちは決して、誰にも打ち明けることはできません。

その頃、ライバルの女子たちは、もっぱら〝化粧NG〟という厳しい校則とのせめぎ合いの日々。バレないギリギリのメイクをこっそり施しては、先生のチェックを間一髪クリアしたり、しっかりアウトになったりの攻防戦です。

どの女子にも「先生ごめん、これだけは本当に譲れません！」という絶対的なテリトリーがあります。その〝美の防衛線〟を守る姿がとても眩しく見えて、男子の私には、すごく羨ましかった。

ただでさえライバルたちは美人なのに、〝匂い〟までも万全です。香水は揃いも揃ってエンジェルハート。なんて抜かりのない女たち！

なんとしてでも彼女たちに勝ちたいという熱い気持ちとは裏腹に、同じ土俵にすら立てずに、自分がどんどん取り残されていくような気がしました。

学校の帰り道、丘や木々の緑がまばらに広がる、田園都市線から見える眩しい景色が好きでした。

ふいに、車窓に反射した自分の顔と目が合って、思わず二度見。

……あれ、私の肌荒れってこんなに目立つんだっけ？

顔に点在する思春期ニキビの主張が、思いのほか激しすぎることに気がつきました。どうしよう！　この肌をぶら下げて、今日も彼に会っていたなんて！

その足で自宅の最寄り駅の薬局に転がるように駆け込みました。大ヒットしていた映画の主題歌が流れる店内。瞳をとじてなんて、悠長に言っている時間はない。目を見開いて、必死に探します。

この肌のままじゃ、もう気やすく彼には会えません。

行き慣れた商店街の薬局の、足を踏み入れたことのない化粧品コーナー。

少し周りを気にしながら、気恥ずかしそうに商品を手に取って悩む、学ランの私。

その時初めて自分のお小遣いで買ったシンプルなパッケージを、ライムの香りを、テクスチャーを、きっとこの先も忘れられない。大袈裟かもしれませんが、数百円のその化粧水が、私には救いのような存在でした。

この一滴が、明日の自分の運命を変えてくれる——根拠のない自信がみなぎります。実際に化粧水を肌につける瞬間はとても特別で、触れるたびニキビがどんどん小さくなっていく気もする。

あぁ、中学生の思い込みって、意味不明で本当に無敵。
それでもその化粧水には、自分がとても大切な存在だと思わせてくれるような、そんな不思議なチカラがありました。

そこから毎月お小遣いで買える範囲でプチプラのアイテムを試すように。手の届くわけがないデパコスは〝絶対に触ってはいけない〟母の化粧台からこっそり拝借。

そういえば、溢れかえるほどのコスメを持っていた母の、譲れない美の防衛線はなんだったんだろう。いや、単に整理整頓ができていなかっただけな気もします。ごめんなさい、貴女の大事にしていたあの紫色の高級美容液、あの頃やけに減りが早かったのは、私のせいです。

「好きな人によく思われたい！　なんならライバルも打ち負かしたい！」という下心から始まったスキンケアですが、向き合うほどに、肌は少しずつそれに応えてくれました。

頑張ったぶんだけ、ほんの少しずつだけど、結果が見えてくる。

これが、私と美容の出会いでした。

「大進、肌めっちゃキレイじゃん」

日々のスキンケアが習慣となって、ついに彼からそう言ってもらえるようになった頃。彼の隣には学年一の美人がいました。非の打ちどころを血眼で探しても見つからないくらい、二人はお似合いのカップル。

素直におめでとうと思えて、彼らの幸せを願わずにはいられません。

……なんて思える度量も懐の深さも一ミリもなく、悔しい想いを噛み締めて、さらに自分の長所を徹底的に伸ばしてやろうと心に誓います。

まだニキビもありましたし、小鼻だってテカっていました。恋のバトルにも完敗です。あぁ悔しい。

それでも、その言葉をかけてもらったその瞬間、勝手に背負い続けてきた劣等感や、認めたくなかった悲しみから、少し自分を解放してあげられたような気がしました。

私の美の防衛線が「肌」になったのは、この時からです。

人生いろいろ。肌だって荒れる日も、乾く日もある。

でも、もう大丈夫です。美容がくれた自己肯定感は凄まじく、魔法のように私の背筋をどんどん伸ばしていきます。美容と出会えた奇跡がこの胸にあふれて、きっと今は自由に空も飛べちゃう気がする。


「譲れないものができた」

――それだけで、昨日よりも少し強い自分がそこにはいました。

「手放す」という美容

私の左手には生まれつき障害があります。この世に生を受けたありのままの私の左手の指は2本で、その2本同士はくっついていました。物を持つことはできません。

9歳の時にその1本を引き離して左手の反対側に移植し、物を摑めるようにする、という形成手術をしました。リハビリを重ねて、小さい物であれば摑めるようにはなりましたが、なったけれど……。

引き換えに、痛々しい縫い跡が左手全体に残りました。

移植した指の爪は小さく、形もボコボコして、とても不恰好。機能とビジュアルは一致しませんでした。そんな左手に向けて時おり放たれる、「可哀想」という悪意のない〝やさしい〟言葉がナイフのように突き刺さり、私のコンプレックスはどんどん加速していきました。

努力してキレイになっていく肌と反比例するように、どんどんポケットの中に閉じ込めてしまった左手。

窮屈だったね。ごめん。
でも、そこしかなかったんだよね。

そのコンプレックスは、家族には絶対に知られまいと必死でした。私が

悩んでいることを知ったら、みんながとても悲しんでしまうということを、私なりに理解していた

——少なくとも恋愛では不利なことは多かったし、そのいろんなチガイのせいで傷つくことも、そりゃある。しゃあなしよ。それでもアナタがずっと信じてきた美容は、絶対に裏切らない。何度も立ちあがろうとするアナタの側に、いつもいます。だから残りの青春、思いきり楽しんで！　あと、放課後にプリクラを撮るのはほどほどに——

もし、当時の自分のガラケーにメールが送れるのなら、言いたいことは山ほどあります。

自己肯定感という自信を与えてくれた、スキンケア。

もう、なくてはならない習慣になっていました。

でも、化粧水のキャップを開ける時。乳液を顔に塗ろうとする時。きまって視界に入るのは、傷だらけの小さな左手。


もう少しだけ、大事にしてみようと、ふと思った。この傷はこの左手が手術を頑張って乗り越えた証です。これも私の一部だということを、私が否定したら、それこそ可哀想になる。

日々のスキンケアのついでに、見ないフリをしてきた左手のお手入れも始めてみることにしました。


持って生まれた障害や、セクシャリティ。

生まれた時からの様々なチガイを受け入れられなくて、都合の悪いものに蓋をしたり、隠すことばかりが上手になっていた自分を、手放す。

――私の「美容」は、そんな自分と向き合うことから始まりました。

あの日の思い込みのように、たちまち何かが変わるような奇跡は起こりません。ですが、変わりたいと願う人の切実な積み重ねを、美容は決して裏切りません。

ボコボコだった左手の爪がなだらかに育つようになるまで、手術からなんと10年以上かかりました。あぁ、本当に手がかかった。だから大人になって初めて「大ちゃんの左手の爪、ツヤツヤでキレイね」と言ってもらえた日は、私にとって10年分のボーナスでした。やったね！

今も手術跡は完全には消えていません。爪の一部も変色しています。

それでも、そんな風に自分と向き合い続けた時間があるから、以前よりも自分のこと、左手のことを、前向きに認めてあげられるようになりました。

ポケットに忍ばせてばかりだった左手を、大きく振って歩きたくなる日が来るなんて、あの頃は思ってもいなかった。

そのきっかけをくれた美容のチカラを、私は信じています。
今までも、そしてこれからもずっと。

プラダを着ていない汗だく社員

これまでの人生で美容がもたらしてくれた出来事への感謝を、いつか誰かの人生に贈り返せるような、美しい仕事をしたい。

ささやかな願いを胸に始まった、美容系会社員生活！

新卒で外資系の化粧品メーカーに入社したばかりの私は、はっきり言って浮かれていました。気分は『プラダを着た悪魔』です。

スタバを片手に、洒落た外国製のノートを抱えて颯爽と歩く。トレンドカラーの話などを同期と交わしながら、夜はブランドが主催するcocktail party へ――理想はあくまで理想なのだということを痛感するのに、時間はかかりませんでした。

真夜中のオフィス、トイレの鏡に映る自分のくたびれた顔が、土気色のその先を見据えはじめています。

あれ。泥臭いっていうか、ひょっとして泥まみれ？

実際に待ち構えていた現実は、寝ても覚めても期限に追われ、汗だくで廊下を奔走する日々。美しい仕事とは、一体。配属されたのは歴史のある世界的なスキンケアブランドのマーケティング部門だったのですが、やることがとにかく次から次へ、モグラ叩きなの？　というほどに湧いて出てきます。自分の肌管理、髪のケアなんて、後回しの最後尾。

「キラキラしているように見えて、実際はかなり泥臭い仕事ですよ」

――就活の時、面接官に言われた言葉は建て前でも謙遜でもなく、紛れもない事実でした。

モグラ叩き状態の私はといえば、てんてこ舞い。一つ前のプロモーションの結果をレポートにまとめながら、今のプロモーションの進行管理をおこない、同時に翌月の準備を進めていきます。並行して開発中の新製品のフィードバックを本社に送ったり、その新製品の発注数を、過去の実績や次年度の予算から算出したり。加えて日々のオペレーション業務が山積みです。全然さばけません。とほほ。

当時は節電のため、夜のある時間を過ぎると、オフィスの電気は自動的にOFFになる設定でした。真っ暗闇の中、夏は団扇を片手に、冬は持参したブランケットを肩にかけて、持ち込んだデスクライトのスイッチをO

N。

担当していた新製品は、精油をふんだんに使った洗顔料です。蓋を開くとその香りが、心にジュワッと染みわたります。あー、なんていい匂い。もうこのまま眠ってしまいたいくらい。

ふとデスクの隅に目をやると、崩壊寸前の書類の山がドン。その山の向こう側に、朝、会社に来る前に買ったコーヒーが手付かずのまま残っています。もう完全に冷め切ってしまったそのコーヒーに、恐るおそる口をつけてみる。精油の癒やしは一瞬で消え去って、冷めた苦みが一気に寝ぼけた頭を叩き起こします。

よし、もう一踏ん張りね。お疲れさま！

エアコンが切れて汗だくだった、熱帯夜の私。

それでも全力を注いだ担当製品が世に出ていった先に、お客さまからの嬉しいお声にたった一つでも出会えた時、すべてが一瞬で報われてしまうのだから不思議です。

登山が趣味の友人が「登るたびにもう二度と来ないって思うのに、下山して1ヵ月くらい経つとなんかまた登りたくなるんだよね、富士山」と言っていた感覚と似ているような気もします。いや全然違うか。

それが店頭で偶然聞こえてきた一言の感想だったとしても。はたまたネットに寄せられた長文のクチコミだったとしても。誰かの人生の一ページに〝美容〟という手段で寄り添うことができているような、そんな気持ちになれたのです。

「肌荒れが良くなった」という感想に続いて、「そのおかげで人と話す時に俯《うつむ》かないで、相手の目を見られるようになりました。私にとってはそちらのほうが大きな変化です」という言葉をSNSだったかクチコミサイトだったか、スマホの画面に偶然発見したのは、ある日の会社からの帰り道でした。

焼き鳥の美味しそうな匂いが立ち込める、甲州街道沿いのご機嫌な立ち飲みバルの前。今にも小躍りしはじめそうな私がいました。

誰かの人生の一ページに寄り添うなんて、もしかしたら少し大袈裟な表現かもしれません。それでも、少なくともその方の肌と、そして心にとって、前向きな変化の一助になれたというのは、きっと事実だったはず。

手を繋ぎたいという願いこそ

その後20代後半で転職した先も、外資系の化粧品ブランド。

1社目と同じく、フランスの企業でした。

上司もフランス人だったこともあって、勝手にフランスに縁を感じ始めます。ここまできたら（？）近い将来、フランス人の彼氏ができてもおかしくありません。

意を決して、近所にあったフランス語教室の無料体験レッスンに行ってみましたが、開始15分で早々に挫折。人には向き・不向きがあるということですね。高い入会金を払う前に、諦めがついて、本当に良かった。いつかフランス人の彼氏ができたら、日本語を勉強してもらえばいいや。私が手取り足取り、教えましょう。大事なのは挑戦する心と、時に堂々と開き直ってしまう潔さ。

1社目で培ったマーケティングスキルに加えて、製品開発の知識をより深めたのはこの頃でした。日本ではこの成分がトレンドだとか、テクスチャーはもっと軽くしたいとか、基剤の香りを抑えてもう少しフルーティーに寄せたいとか——フランス本社との開発ミーティングは毎回、大賑わい。

ああでもない、こうでもない。真剣ゆえ、時にぶつかり合いながらも、最終的になんだかんだエレガントに「Salut!（=またね！）」と終わるから不思議です。画面越しにフランスの風をちょっと感じる、あの色あざやかな時間が、とても楽しみでした。

開発から携わった製品が世に送り出される喜びは、これまで味わったことのない感覚です。まるで子の親になったような気持ちでした。
子ができたことも、親になったこともないので、おそらく相当説得力には欠けていますね。その製品の良さを日本中に喧伝して回りたい気持ちを必死に抑えて、発売日は朝からソワソワしていました。

忘れられないのは、クリスマス直前の連休初日。

その日は一年で最もお店が繁盛する日で、私も朝から晩まで店頭のヘルプに入っていました。ホリデーコレクションは私が担当していたプロモーションだったのです！　誰にも頼まれていないのに、浮かれてコレクションのテーマカラーである黄色のセーターに身を包んで、汗だくになりなががら在庫を補充して回ります。しまった、店内はこんなに暑いのか。

ふと、店内で男性のお客さまに声をかけていただきます。

「実は今からデートなんですが、何を渡したら良いのかわからなくて……」

きっと女性ばかりの店内で、誰に声をかけるべきか迷っていたのでしょう。心なしか汗ばんだ額には、必死な気持ちが滲んでいます。

汗だくの私としては、もう他人事とは思えません。

お相手の好みやライフスタイルなどを伺っていくうちに、二人は遠距離恋愛中で、普段はなかなか会えないということを知りました。

ちょっぴり切なくて、キュンとします。

「そうしたら使っている時に、お客様のことを思い出してもらえるようなものがいいですよね！」という私の提案は「いや、そこまでは考えていないので大丈夫です」と一瞬で返され、行きどころを失ったことを、話のついでに白状いたします。

薄々お気付きかもしれませんが、こういう時の私は、多分ちょっとだけお節介。


プレゼントを選び終わった後、ふと男性の手がとても乾燥していることに気がつきました。私が個人的に気に入っていたハンドクリームを併せて紹介すると「あ、やっぱり乾燥してますよね？ ……これも一つください！」。いそいそと手肌に塗り込む姿を見て、この後のデートの様子が目に浮かんできます。

サラッとしたつけ心地なので、手を繋いでもベタつきませんよ、という言葉はそっと飲み込み、お店の外までお見送り。行ってらっしゃい！

時は夕暮れ。店の前のスクランブル交差点に目がいきます。

思いがけず、世界が止まったような感覚に陥りました。

そこには驚くほどたくさんの人たちが、ホリデーコレクションの紙袋を持って行き交っています。

これはきっと目の錯覚ですが、交差点がうっすら黄色に見えるくらい。

寒空の下、どこかうれしそうで、楽しみな気持ちをたずさえた表情が、

イルミネーションに照らされて、すごく眩しかった。

それこそが美容のチカラ

肌や髪など、目に見える何かに変化をもたらすことは、化粧品に携わる仕事を通して、届けることができる価値の一つです。

ニキビをケアしたり、髪色をキレイに見せたり。

きっとそういったことが、美容の役割の主軸として考えられることが多いのではないかと思います。

そういった〝目に見える何かの変化〟は実は、通過点に過ぎません。

美容の真価はもっと深くにある〝目に見えない何かの変化〟の足掛かりとなることなのだと思うのです。

それは時に、相手の目を見て話せるという自信に変わり、そして時に、大切な人と手を繋ぎたいという願いに応えます。もしそこに誰かにとっての「ひだりポケット」があるのだとしたら、そこから一歩出てみたいという挑戦を手伝うものかもしれません。

美容は全知全能ではありません。万能でもなければ、確約された結果も伴いません。ですが、求めるものの無数の願いに、いつの時代も、手を差し伸べ続けてくれる存在です。

製品が、コンセプトが、
誰かの肌に、心に、ポケットに、届いていく——。

これは、それまでずっと信じてきた美容のチカラに、私だから込めることのできる価値を探して奮闘した美容系会社員時代の話。

それにしたって、もう少しキラキラしていても良かったのではと思うほど、記憶のほとんどが汗だくだったという衝撃の事実。

あの頃のすべてがあって、今もこうして美容の仕事ができているのですから、感謝をしてもしたりないのです。

自称・女子アナ時代

人生の、そして美容の大きなターニングポイントになったのは
ＮＨＫ時代。

序盤にも書きましたが、２０１８年に化粧品会社を辞めて一世一代の決心を固めた私は、ＮＨＫのリポーターに転職しました。その頃のことを私は勝手に「女子アナ時代」と自称しています。はい、自称です！

わかっています。私は女子でもアナウンサーでもなく、さしずめ、オカマのリポーターです。

とはいえ、「どうもオカリポです！」と言っても通じやしませんので、

わかりやすく「女子アナ時代」で通そうとしているわけです。そろそろNHKから怒られそうなのでこの辺でご了承ください。

NHKではパラリンピック以外にも、美容好きが功を奏して、美容に携わり続けることができました。朝の人気番組『あさイチ』の美容コーナーのリポーターとして出演する機会をいただいていたのです。

そのコーナーは、季節の気になる肌悩みをはじめとした、視聴者の皆さまから届く美容に関する悩みや質問について専門家へ取材をして、その原因や解決方法をスタジオで紹介する、といった内容です。

例えば、正しい日焼け止めの塗り方や、当時話題だったマスクによる肌荒れ対策、などといったラインナップ。

放送のたび、幅広い年齢の視聴者の皆さまから、リアルな肌悩みや美容に関するお困りごとのお便りが、溢れんばかりに届きます。実際に寄せられたお声をもとに、次の企画が決まることもありました。

視聴者の皆さまが「今」この瞬間にどんな肌悩みに直面しているのかを深く知り、一緒に考え解決していくお仕事。その中で蘇ったのは、あの日、ニキビをどうにかしたくて、必死に薬局へ駆け込んだ、学ランの私です。

美容は万能ではありません。すべての方の肌悩みを一発で解決できる方法もありません。それでも番組を通して、自分の言葉が、リポートが、一人でも多くの方の救いになれたらどんなにいいだろう。

あの日の学ランの私にとって、あの化粧水がそうであったように。

この仕事を通して、視聴者の皆さまのリアルな等身大のお悩みに一緒に向き合えた経験は、私の美容人生にとって、最大のギフトの一つです。

そして、これがその後の人生の新しい扉を開くきっかけとなりました。

夜の井戸端会議、はじまります

順風満帆に見えた自称・女子アナ時代が翳《かげ》り出したのは、コロナ禍でのこと。番組出演の予定も少なくなり、自宅待機の日々が続きました。日本中で自粛が叫ばれていた、真っ只中。外にも思うように出かけられず、取材の機会も制限され、おうち時間が長くなるばかり。そう。翼の折れたエンジェルだったあの頃です。

そんな私に救いの手を差し伸べてくれたのが、インスタグラムのライブ機能でした。

やってみようと思ったきっかけは、周りの方々がやられていて、なんだか楽しそうだったから。
そして、しゃべりなら、きっと私も負けていないはず！

崇高な目的や理由がなくて恥ずかしい。
ただのノリでした。すいません。

とりあえずスマホは斜め上に持ち、上目遣いで開始するだけの知恵はあった私です。よし、映りは悪くない。むしろ実物よりだいぶ可愛い。
話すことは何も決まっていないけど！

初めての配信は盛り上がりも何もない散々なものでした。ですが自分を応援してくださる方々と繋がりを持てたその時間と居場所にすっかり心奪われ、それから毎晩のように懲りずにライブをするようになります。

観てくださる皆さまと一緒に笑って、悩んで、時々泣いて、やっぱり笑って。自宅の狭い部屋で毎晩、大賑わい！『あさイチ』や化粧品会社時代に培った知識に感謝しながら、美容関連の相談にお答えしたり、誰かの失恋を慰め合ったり、時に私の愚痴を聞いてもらったり。

世の中に自粛の暗いムードが蔓延する中、この〝井戸端会議〟の中では誰もが自由！　台本もなければ、制約もなし。そしていつの間にか、映りの角度なんてお構いなしです。鼻毛をご指摘いただくこともありました。この時点で女子アナの看板は下ろさざるを得なくなります。

入念なリハーサルを重ね、決められた時間に合わせてリポートをするＮＨＫでの業務とは違う、気楽なカジュアルさが、また新鮮で楽しかった。

インスタライブは「視聴者」というよりも、「参加者」といったほうがしっくりきます。

初めの頃は2~30名しかいなかった参加者も、50名、100名、300名と、徐々に増えていきました。向かうところ敵ばかりに思えていた、先行きの見えない不安な世界に、幾筋もの光が差していくようでした。

特に好評だったのが洗面所での〝お風呂上がりスキンケアライブ〟。その名の通り、お風呂から上がったばかりのありのままの私が、化粧水やらクリームをあれこれ塗りたくりながら、お喋りをするという時間です。

マスク生活による肌荒れが急増していたこともあって、特に肌悩みに関するご相談は尽きることなく寄せられていました。かくいう私もマスクによる肌トラブルで苦戦した一人。「赤みも出ちゃうし、こりゃ大変だ！参っちゃうね」と励まし合ったあの日々。

自由で楽しいインスタライブのはずが、実は本当に参っちゃっていたことが一つあります。それは、ブランド名や商品名を、自分の口から言うことができなかったこと。

何を隠そうその当時の私はＮＨＫリポーターであり自称女子アナ。ＮＨＫにはＳＮＳ活動を黙認していただくかわりに、決してブランドのＰＲをしないというのが、お約束でした。

メーカー名や商品名をうっかり言ってしまわぬよう、細心の注意を払う日々……。

そして私が行き着いたのは「スキンケア成分」「お肌の知識」「効果的な使い方」という3点に、話を絞るという手法でした。この3点を参考に、皆さんが気になるアイテムをご自身で選べるように工夫を凝らします。

お風呂上がりのスキンケア相談会は、それからも順調に続いていきました。

みんなで迎えた「0日目」

忘れもしない、ある夜のライブでのことです。

その日も場所は、お風呂上がりの洗面所でした。

『もう、大ちゃんがスキンケアを作ったらいいんじゃない？』

一人の参加者の方からいただいたコメントが目に留まります。それまで何度となく話してきたスキンケア成分や肌の構造の話をはじめ、化粧品会社での経歴のことも含めて、きっと私のことを信頼してくださっていたのでしょう。

お世辞とはいえ、本当に嬉しい言葉でした。

「どうもありがとうね！」

軽くお礼を伝えて、次のコメントを読み上げようとすると、画面いっぱいにそのコメントに賛同するメッセージが溢れます。

スクロールするのが追いつかないくらい。

そして単純な私は、あっという間に、真に受けます。

確かに、言われてみれば化粧品の開発経験もあるし、マーケティングの実務もひと通りのことは経験してきたんだった。もしやこの時のためだったのかも。（違う）

何より、ライブに参加してくださる方々の「リアルな声」が、そしてたくさんのお悩みに一緒に向き合ってきた日々が、今の自分の目の前にはあります。

この世に存在するスキンケアで悪いものなんて、そうそうありません。価格や目的などはブランドや製品ごとにそれぞれ異なりますが、少しでも肌を良くしたい、キレイになりたいという美への願いが、一つひとつの処方に確かに込められている。少なくとも私はそう信じています。

だから、どれに勝つとか負けるとかではなくて、寄せられるお悩みにもう一度耳を傾けてみよう。その原因を、しっかり見極めよう。

目の前のお悩みに、背伸びをせずに毎日寄り添えるような処方――
――それはきっと、私にしか作ることができないものだと、信じたい。
いいえ。みんながそれを、信じさせてくれました。

その日のライブが、スキンケアブランドのプロデューサーとしての、
私の0日目。
皆さんと一緒に立ち上げたと言っても過言ではない、
小さなスキンケアブランドが、今日の私のすべてです。

第3章

障害と個性

ビビるくらい厳しかった母

私の母の口癖は、「実るほど頭《こうべ》を垂れる稲穂かな」。

この言葉を小さな頃からずっと呪文のように言われてきました。テストで100点を取り、浮かれていい気になっている私に向かって一言、「実るほど頭を垂れる稲穂かな」。調子に乗らずに努力を続けないとすぐにズッコケるということを伝えたかったのでしょう。そして、その忠告は大抵、的中します。

普段はお淑《しと》やかに振る舞う彼女ですが、

その反面、とても厳しい人でした。

服装、言葉遣い、挨拶、食べ方、立ち居振る舞い。あげればもうキリがないほど、徹底的に礼儀や作法を叩き込まれました。

私がふざけて少しでも汚い言葉を使おうものなら、10メートル先にいても飛んできて、

「さっきの言葉、今すぐ、正しく言い直しなさい」

驚異的な地獄耳です。言う通りにしないと、大変なことになります。

それぐらい、私のしつけや教育にとても敏感でした。徹底的に厳しいというよりも、敏感という言葉のほうがしっくりくる。当時の私はその理由

もわからず、ただ怖くて厳しい母と思っていました。

彼女は私が自信を失うことにも、同じくらい敏感でした。小さい頃から、絵が壊滅的に下手な私。小学校の作品展に向けて一生懸命描いたのですが、まったくいい評価を貰えず落ち込んだことがありました。

母はその絵を見るなり、「こんなにキレイな色彩の絵は見たことがない！」と、大絶賛で大肯定。あの一言に、実はすごく救われた。

クレヨンの匂い

生まれた時から、左手の指が2本だった私。

幼稚園の年中の頃、クラスの友達と自分の左手が違っていることに気がつきます。

みんなとは手の形が全然違いますし、指が3本も足りません。

「だいちゃん、おてて、みんなといっしょがいい」

4歳の子に無邪気にそう言われたら、私だったらなんて答えるだろうか。
母の答えは、「年長さんになったら、生えてくるかな」。
その時の母の顔を、私は思い出すことができません。
どんな気持ちで、幼い私の言葉を聞いていたんだろう。

もうすぐ、指が生えてくる。母の言葉を素直に信じ、その日から、年長になるのが楽しみで仕方なかった。嬉しくてたまらず、お友達や先生に自慢します。

「だいちゃん、もうすぐ、みんなといっしょの、おててになるの」

その日が来るのが、待ち遠しい。幼稚園で描いた自分の似顔絵には、気が早いようでしたが、クレヨンで5本の指を描きました。もうすぐ、もうすぐ。
——春が訪れ、待ち望んだ年長さん。
指は、生えてきません。
母にもう一度たずねてみます。

「おてて、いつ、はえてくる？」

下から見上げた母の顔は、目に涙をいっぱいに溜めて、唇をギュッと嚙んでいました。その時の母の顔を、生涯きっと忘れることはできません。
母は怒る時、唇を嚙む癖がありました。今、その時の母の気持ちを想像すると、胸が張り裂けそうになる。子どもはなんて正直で、そして残酷なのでしょう。

今だから、わかります。
あの日、母はきっと、母自身のことを、
許すことができなかった。

「大ちゃん。大ちゃんの指はね、生えてこないの。ずっとこのままなの。
本当にごめんね。全部お母さんが悪いの」

座り込んで、私の両手を握りしめながら、何度も「ごめんね」を
繰り返す母。私はただ静かに、その震える声を聞いていました。

子ども心に自分の運命のようなものを悟ったのはこの時です。なぜ自分の手だけがみんなと違うのかはわからないままでしたが、

明確にわかったことが一つだけ。

――もう、このことを母には絶対に聞いてはいけないということ――

あんなに厳しく強い母が、泣いている。それ以上に悲しいことなんて、当時の私には一つもありませんでした。

自分のせいで、母を、家族を、もう泣かせたくない――

初めて芽生えたその行き場のない感情を、5歳の私はどうやって受け入れたんだろう。

左手のチガイを気にしていないフリを始めたのは、この頃からでした。

幼稚園で描いたあの絵は、先生や友達に見られないように、
小さく破いて、こっそり捨てました。

5本ずつ指がある自分のことを描いた、最初で最後の一枚。
もうあまり覚えていないけれど、
嬉しくていろんな色のクレヨンを使った。
下手くそな私にしては、先生も褒めてくれるくらい、
上手に描けていました。

なかなか思うように、こまかく破けない自分の不器用な指は、
クレヨンの汚れまみれ。

廊下の水道で、ひとりで洗いながら。
誰にも気づかれないように、ポロポロと泣いた。
今でもクレヨンが、あの独特の匂いが、あまり好きになれない。

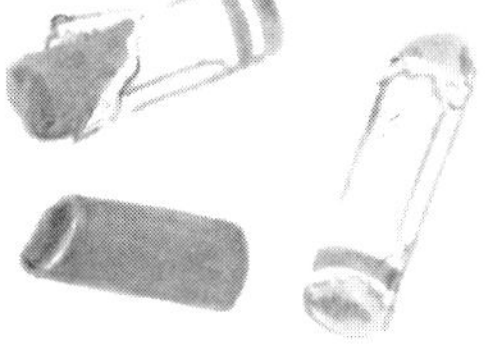

フジユウとショウガイ

小学校に入学してすぐの日のこと、帰りの会の時間。担任の先生が突然、黒板の前に私を呼びました。何だろう？　ドキドキしながら、みんなの前に立ちます。どこを見たらいいかわからず、自分の上履きを見つめていました。

「三上くんは左手がフジユウで、ショウガイがあります。けっして、意地悪をしてはいけません」

約30年も前のこと。当時、先生はきっと様々なことを慎重に考慮されたうえで、そう伝えるのがベストだと判断されたのだと思います。

優しくて、笑顔が温かかった先生。その言葉を伝える時も、私の肩に、手をそっと置いてくださいました。今でも、先生のことが大好きです。

それを聞いた教室は唖然騒然。もう帰りの会どころではありません。

「え、三上くんって左手がないの？」

「見せて見せて！」

「可哀想……」

「なんでこうなったの？」

理由はどうあれ、意図せずクラス中の注目が左手に集まることになりました。

黒板の前の私はというと、恥ずかしさから下を向いて、もう上履きから視線を外すことはできません。こちらもこちらでパニックです。

その時初めて聞いた単語を、頭で何度も繰り返します。

〝フジユウ〟〝ショウガイ〟。

家に帰って開口一番、母に慌てて問いただします。

「フジユウってなに？　ショウガイってどうゆう意味？」

母は驚きながらも、丁寧に、その言葉の意味を私に説明します。

そして、最後にこう付け加えました。

「でもね、不自由か、そうじゃないかを決めるのは、他人ではなくて、自分。大進は自分の手で、着替えも、食事も、なんでも自由にできるでしょう。たとえできないことがあったとしても、自分が〝自由〟だと思っているなら、その人は不自由ではないの。大進、あなたは、不自由じゃない。自由よ」

それが、「不自由」と「障害」という言葉に、初めて出会った瞬間でした。

いつもどんな時も、厳しかった母。右手の5本指と、左手の2本指。その障害を理由に甘やかされた記憶は、まったくと言っていいほどありません。まずは「自分でやってみなさい」。そして7本の指でやるにはどうしても難しいことが出てくると、どう工夫すればいいのかを、一緒に考えてくれました。

おかげで、一人で卵も割れて、ファスナーも閉められて、靴紐も結べました（どれも下手だったけど、生きていくうえで支障はないので問題なし）。

それは私が自分でできるようになるチャンスを奪わないため。

そして私が私の人生において「自由」でいてほしいと願ったから——。母の厳しさの理由を彼女の口から聞いたのは、大人になってからのことでした。

あの日、母が幼かった私についた、優しく切ない嘘の理由が、今はよくわかります。

自分にも厳しい彼女のことです。私の知らないところで、きっと何度も、自分を責めてきたのでしょう。

私が一人でハチマキのリボン結びができるようになった日。自分の部屋で誰にも気づかれないよう、こっそり泣いていたことも、私は知っています。

ねぇお母さん。もし今でも、私に申し訳ないという気持ちを抱いていたとしたら、その十字架はここで下ろして。

「大進、あなたは、不自由じゃない。自由よ」

貴女の言葉に何度も救われて、私は全然、不自由じゃなかった。
どうか自分も、自由でいてね。
私は、貴女の子どもでよかった。ありがとう。

そして、あの日一人で泣いていた大ちゃんに、そして上履きを見つめるしかなかった大ちゃんにもし会えるのなら、教えてあげたい。

大人になっても指は生えてこないけれど、これからかけがえのない仲間や、できごと、宝物に、たくさん出会えるのだということを。

「だから君は、全然、可哀想じゃないよ」ということを。

第3章 障害と個性

可愛くない肩書

　自分の障害に名前があることを知ったのは、自称・女子アナのＮＨＫ時代。リポーターの活動を始めるタイミングでＮＨＫから障害名を聞かれたことがキッカケでした。

　でも、すいません。そんなのまったく知りません！

「障害者手帳に書かれていますよ」と当時の上司にサラッと教えてもらい、はじめてそれが〝左上肢機能障害〟だということを知りました。……なんということでしょう。仰々しいというか、全然、可愛げがありません。

当時私には「障害者リポーター」という、公募の時点で決まっていた肩書が付いていました。今見ても、少し悲しい気持ちになる肩書。そして出演などの際に、自分の名前の横には必ず、（障害名）が添えられていました。

――障害者リポーター　三上大進（左上肢機能障害）――

テレビに出る時、私の顔の周辺に出ているのは、このテロップ。

ラベルのように貼りつけられた見慣れない表記に、強い違和感を覚えました。まるで見せ物になってしまったような、そんな居心地の悪さ。

「この肩書を、どうか、変えていただけませんか」

切なる思いで、NHKに相談しました。

「障害は三上さんの大切な個性です。それが視聴者の方にも伝わるように、この肩書を使っていきたいのです」という説明をいただきました。

私の障害を前向きに考えてくれていたことも、それを個性として受け入れてくれていたことも、どちらも少しくすぐったいような、でも素直にすごく嬉しかった。私が思っているよりもずっと、私は大切にされていたんです。


ありのままの自分を肯定してくださる環境に恵まれたことは、今考えても、本当に幸せなことでした。

だからこそ、どうしてもわかってほしかった。
私の思うところ「障害」は、私の「個性」ではありませんでした。

障害がくれた「個性」というギフト

「大ちゃんの障害は個性だよね」と言っていただくことがよくあります。

その言葉に、悪意はまったく感じません。むしろ私のチガイを理解して「それも前向きに受け止めているよ」というメッセージのような、もはや愛を勝手に感じます。〝勝手に〟、というのがポイントであります。

皆さんいつも、愛をありがとう！　それは本当に嬉しいことです。

でも前述の通り、私自身は、障害のことを個性だと思ったことが一度もありません。

どちらかというと、この障害がいろいろな個性と出会うチャンスを私にくれたという考えのほうが、しっくり来ます。実際に私は、この左手のおかげで、自分の大切な個性に気づくことができました。


ポケットに隠してばかりだった左手。

傷だらけで、ボコボコで、不恰好。見ないフリをして、蓋をして。

紛れもないコンプレックスでした。


そんな自分のことをどうしても諦めたくない。

学ランの私が縋《すが》るように頼った化粧水の一滴から始まった美容という物語が、私の原点です。

皆さんご存知の通り、そのページは、今もこうして続いています。


障害というチガイがあったから、偶然出会うことができた。

今までも、これからも、私は「美容が好き」です。

多分もう、ほぼ恋してる。

これこそが、現時点での、私の「個性」。
障害がくれた、人生で最高のギフトです。

個性は、探さなくていい

「自分の個性が見つかりません」

インスタグラムのライブでもこれまで何度もいただいたこの相談に対する私なりのお返事を、ここに残させていただきます。この問題に悩む世界のどこかのアナタに、届きますように。

自分の個性が見つからない——そんな自分を、責める必要はありません。

個性とは、持って生まれたものもあれば、人生の途中で偶然出会えるものもあります。それはその人にしかない持ち味ですが、その人らしさを作るたくさんのピースの、たった一つにしか過ぎません。

そしてそれは、変わり続ける。私たちの年齢や趣味、ライフスタイルが変わっていくのと同じように。私の個性だって、きっとこれから変化していくでしょう。

もし誰かに魅力的な個性があって、たとえアナタにそれがなかったとしても、何も焦ることはない。個性はその人だけのもの、そしてアナタだけのものだからです。上も下も、良いも悪いも、ありません。その時置かれた環境や、人生のその時々で、気づいたら出会えている「何か」なのです。

だから無理に、個性を探しに行かなくていい。
自分らしさなんて、今この瞬間、わからなくたっていいんです。

それでもどうしても、自分の個性を知りたい時は、思う存分、やってみたいことをガムシャラにやってみましょう。うまくいくことも、そうじゃないこともきっとあります。だって、山あり谷あり。でこぼこ道や曲がりくねった道。それもまた人生なのです。

何度も繰り返した先に、気づいたら自分の個性のカケラをうっかり摑んでいたら、丸儲け！　だってそれはお金で買えないのですから。その粘り強さが、アナタの個性だったりして。

やってみたいことが、もし何も思いつかなくても、大丈夫。心配いりません。その時は、目の前のものをすべて、手放してみる。何もしなくていいんです。思いつくまま、気の向くまま、心の声に耳を傾けてみてください。

寝てもいい、食べてもいい、お散歩だっていい。誰に何を言われるでもなく、そのうち自分から自然と手が伸びる「何か」が、もしかしたらあるかもしれません。

その「何か」を手にしたアナタが、昨日よりも自分らしくいられるのだとしたら、それがアナタの、個性のカケラかもしれない。こちらもこちらで、丸儲け。

でもどうか忘れないで。

個性に出会えているかどうかで、人生の価値は決まりません。

そして個性は、誰かがラベルのように、勝手に誰かに貼りつけることも、定義することもできない。

自分の個性を決める権利は、自分だけのもの。

これが、私からのお返事です。

で、肩書はどうなった？

障害を個性と思っていなかった私の正直な気持ちを、そしてその肩書に感じ続けていた違和感の理由を、当時の上司は熱心に聞いてくれました。ＮＨＫは、別の肩書の検討を続けてくれていました。

少し時間はかかりましたが、私の願いが叶う日は、ある日突然来ました。その日から正式に、私の肩書から「障害」という単語は消えることになります。

——リポーター　三上大進——

やっぱり、私は、私。自分の名前にその冠は、必要ありませんでした。
その日の昼に、ＮＨＫのいつもの食堂で食べたラーメンは、食べ慣れているのに、信じられないくらい美味しかった。

東京２０２０大会が開催された時には、ＮＨＫパラリンピック放送リポーターという肩書を与えてもらいました。
「障害」の文字は、もうそこにはありません。

たった一人の小さな違和感を、
スルーせずに受け止めてくださったすべての方。
そしてあの時、何度も真剣に話を聞いてくださった当時の上司へ。

――プリティリポーター　三上大進（チャームポイント：鼻筋）――

どさくさに紛れて、この肩書を代替で提案したのを、覚えていますか？
こちらの採用は、あっけなく見送りとなりましたね。今でも少し悔やまれます。

でも「私の個性は私に決めさせてほしい！」と大口を叩いた私を、受け入れてくださったことを、今この瞬間もずっと、感謝しています。

あれから何年経ったでしょうか。
私は、変わらず美容系を、やっています。

両手いっぱいのダブル・マイノリティ

個性の話が出たので、「性」の話も少しだけ。

私はセクシャルマイノリティ（性的少数者／ＬＧＢＴＱ＋）の当事者でもあります。

持って生まれた性は男性ですが、性自認は「男性」でも、「女性」でも、ありません。君たち女の子、僕たち男の子、でお馴染みのあの曲の世界からは、もれなく仲間はずれとなります。

自分のことをやっぱり男だな、と思う瞬間もあれば、
やっぱり女子（？）ね、と思う場面もある。
「ユニセックス」という言葉や選択肢が、無理がなくて、
心地いいと感じます。

いつからそうなったかと思い起こすと……自分の性別を「男」と
カテゴライズされてしまうことが、子どもの頃から苦手でした。

何よりもしんどかったのが「男らしくしろ」という言葉。今でこそ教育
現場でも多様性の尊重が当たり前に叫ばれるようになってきましたが、当
時はそうはいきません。

やたらと振りかざされていた〝男らしく――〟という一言に触れるた
び、「自分は本来こうあるべきなんだ」と強いられ続けているような、そ

んなプレッシャーを感じました。

初めて「性」に関して強烈な違和感を覚えたのは、小学校入学直後のこと。幼稚園の頃と違って、制服、体操着、防災頭巾、あらゆるものが、男女でキッパリ、自動的に分けられています。

男子はこれ、女子はこれ。

呼ばれ方も、大ちゃんから、いつの間にか三上「くん」へ。

こちらに何の相談もなく、前触れもなくごく自然な流れとして変化していきます。

私は、この自然な流れとやらにまったく乗れません。

学校の決めごとですし、「そういうもん」と言われてしまえばそれまでですが、頭には疑問符が浮かびまくり。男だからという理由で自動的に青色の防災頭巾を割り振られたことに、居心地の悪さを覚えました。

女子が持っていた赤色が羨ましかったわけではないのですが、せめて「好きなほうの色」が自分の意志で選べたら良いのに。

やっぱり、大人になった今改めて考えてみても、防災頭巾の色を男女で分ける理由は全然思いつきません。

「ぼくも、防災頭巾、赤がいいな」

小さな反骨心を胸に、思い切って呟く。

「男のくせに、ダメだよ！」

矢継ぎ早に、悪気のない野次が教室に飛び交う。

違う、本当は青でいい。ただ、自分で選びたかっただけ……。

自分のセクシャリティが何なのかを、今のように整理して言葉にすることなどできるはずもなく、男らしさを期待されるたび、なんだか自分らしさは消えていく。自分でも、理解も整理もできない感情と闘っていた、あの頃。

大人になった今は、(今後変化することもあるかもしれませんが、)自分の性を「定義したくない・決めたくない」という考えのもとで人生を送っています。

そして何より大事なこと！　私の恋愛対象は「メンズ」です。

できれば歳上で、料理か運転ができたら嬉しい。両方できたら言うことありません。洗濯は私に任せてもらえたらいい。掃除はぜひ、分担で（待って、何の話？）。

端的に申し上げると、
「身体は男だけど、性別は未定で、彼氏（できればイケメン）が欲しい」。
混雑極まりない渋滞の中、生存しています。

自分はマジョリティ（多数派）であるとか、
マイノリティ（少数派）であるとか、
そういったことを意識しながら生活をしたことはあまりないのですが、
ふと我に返ると、私はうっかり、「障害」と「性」において、ダブル・マイノリティ！

誰からも頼まれていないのに、当事者という肩書を勝手に2つ、持ちにくい両手に掛け持ち状態。
なんだかとても忙しそうですが、それが私です。

Hello, my friend!

セクシャルマイノリティのことを総称する「ＬＧＢＴＱ＋」という言葉が、日本にもようやく浸透してきました。アメリカ版のＦａｃｅｂｏｏｋでは60種類近くの性別を選択することができるといいます。

自分の性に当てはまる定義や言葉が見つかることで、得られる安心感や、守られる自由があることは本当に素晴らしいと思います。

でも無理に、自分をそのどれかに当てはめようと躍起になる必要もありません。自分を表す明確なカテゴリーがなくても、大丈夫。私もその一人です。

約60種類もあるんです。

きっと誰にだってピッタリ一致する呼び方がある。でも別にそれを探す必要はなく、そもそも私はあまり興味がないのです。誤解のないようにお伝えすると、自分にしっくりくる性の名称をアイデンティティだと思えるのは、本当に素敵なことです。

今、今日時点の私は、自分の「性」を決めたくないし、今後変わるかもしれないし、定義しないのがＨａｐｐｙと思って生きています。

そしてそんな自分が、男らしいでも、女らしいでもなく、「自分らしい」と思えて、好きです。

私も、この本を読んでくださっているアナタも、今のまま、そのままで、かけがえのない存在です。

セクシャリティはまさしく「個」の「性」。
みんな違って、自由で、それで良いのです。これから先の人生で、もし新しい「性」の一面に出会った時、「Hello, my friend!」と、笑顔でそれを祝福できる自分でいたいと願っています。

一つだけ、変わらず信じ続けていたいのは、王子様（条件面はこの際、多少妥協します）がいつか迎えにきてくれることだけ♡

第4章

大きな声で、Be Happy!

やたらと多いマグカップ

皆さんは、「金継ぎ」をご存知ですか？

「金継ぎ」とは、欠けたり割れたりしてしまった器を、漆で接着して修復し、金粉を蒔いて仕上げる、日本人の「ものを大切にする心」から生まれた伝統文化です。

この「金継ぎ」が施された食器に出会うと、胸がときめきます。この世に二つとして、同じ金継ぎの模様はありません。それは人生でたった一度きりの、運命の出会い！

めぐり逢えたね、待っていた運命の人に♪

ご機嫌なミュージックも弾みます。


食器はひとたび割れてしまうと、もうほぼ危険物扱い。速やかに捨てられて、最終的には粉々に砕《くだ》かれる宿命。

その当たり前に「待った」をかける技法です。


日本が世界に誇る、サステナブルで美しいこの文化は〝Ｋｉｎｔｓｕｇｉ〟として、海外でも少しずつ認知されて、関心を集めています。

割れて欠けてしまったその一つを捨ててしまうのではなく、今までなかった新しい魅力で彩ることで、世界に一つしかない特別な器に再生させるのです。

それにしたって、昔の方は偉大ですよね。

ものを大切にする心から、こんな素晴らしい芸術が生まれるなんて。

私だったら、お皿がちょっとでも欠けようものなら、あら危ない！

次の燃えないゴミの日をいそいそ確認しながら、新しい器を買いに行く予定の一つや二つも、立ててしまう。

手間暇かけて直して次世代に受け継ぐ、なんて発想はどうしたって出てきません。


その反面、〝丁寧な暮らし〟に、相当憧れています。自由が丘と神楽坂には、最近気になっている素敵な食器屋さんがある。たいして料理もしないのに、おしゃれ食器店の情報だけは一丁前に仕入れています。

意気揚々と向かった先で、使いもしない余計な食器や、お皿と同じ色のマグカップなどをついでに買ってしまう羽目になる。

この際だから言わせていただくと、食器ってなぜか、セット売りが多い。
特にマグカップ！　束になって、お得感を前面に出して売り込んできます。
その並びで、セットで今なら10％オフなんて言われたら、もう迷う理由もない。

一人暮らしのくせに、我が家にはやたらと、マグカップが多い。
しかもなぜかペア。

欠けてる先を辿っていけば

少し話を戻します。

本来ならば捨てられてしまうものに、新たな息吹をもたらし、この世にたった一つしかない価値あるマスターピースへと進化させる。

「金継ぎ」という素晴らしい技術を生み出し、この文化や考え方を何百年と受け継いでくださった先人の方々には、本当に頭が下がります。

この本でお話ししてきたいくつものことが、「金継ぎ」に通ずるところがあると思うようになったのは、最近のこと。

私の左手には２本の指があります。医学的には「左手指が３本欠損している」と表現するらしい、と冒頭でお話ししました。

その言葉が示している通り、
もし私が器だとしたら、私はきっと、欠けている。

悲しいことではなく、それは一つの事実です。

もし欠けた器だったとしても、障害が与えてくれた様々な経験や、できるようになったことへのたくさんの喜び、周りの大切な方々への感謝の思い、そして個性や自分らしさが、私にはあります。

与えてもらったことや、人生でめぐり逢えた数々のギフトを、
一つひとつ、順に繋げて修復していく。

すると、それはまるで一本の線のように、私という器に広がる
〝金継ぎ〟になります。

傷だらけかもしれない。欠けているように見えるかもしれない。
でも、辿った先に気づくことのできた、
一本の線が誇らしくキラキラと光る。

世界にたった一人の私が、今、ここに立っている。

彼氏もいない、お客も少ない我が家の食器棚の中に、窮屈そうに置かれたたくさんのマグカップ。もし欠けたら、金継ぎしてあげよう。

大事に、大事にするね。

誰もがきっと、誰かにとっての、金継ぎ

唐突ですが、誰にだって、

「自分が生きている意味がわからない」

「自分のことが好きになれない」

と思う日もありますよね。私にもある。


もし心に少しでも余裕ができたら、温かいカモミールティーでも飲みながら、これからお話しすることを一度、思い出してみてほしいのです。

あ、夜はダメ！　外が暗くなると、思考回路もマイナスに傾きがち（私

調べ）。

つい浸りたくなりますが、寂しい曲もかけないで！（笑）

夜に考えごとをして、正解だった試しがありません。

生きている意味は、今すぐにわからなくても大丈夫です。

そんなのわからず、生きている人のほうが多い。

自分のことも、今すぐに好きになれなくても大丈夫です。

自分が嫌でしかたない夜は、誰にだってある。

それでもその答えが今すぐ必要になった日に、思い出してみてほしい。

これまでの人生で誰かから助けていただいたこと。

与えていただいたこと。支えてもらった、あの日のこと。

誰もが一度は必ず、そんな経験があるはずです。

その時はそうだとわからなくても、振り返ってみると、確かにあの瞬間こぼれ落ちそうになっていた人生の一片を、誰かが繋ぎ止めてくれた記憶が私にはいくつも浮かびます。

誰もがきっと、誰かにとっての、金継ぎ

今の私たちが誰かに継がれているのと同じように、
アナタも、私も、どこかで、人知れず誰かの人生を継いでいる。
それをいちいち自称したり、互いに任命し合ったりしないだけで、
誰もが誰かにとって代わりのいない金継ぎの役割を、
人知れず、うっかり、そして何度も成し遂げているのです。

先日、昼休みに入った、お気に入りのお蕎麦屋さん。
出てきたお皿に施されていたのは、小さな金継ぎ。

欠けてしまった何かを嘆き続けるよりも、
残されたものを抱きしめられるような、
そして補ってくれる大切なものを慈しめるような、
そんな自分でありたいと願った。

ギュッと、自分の左手を握りしめて。

万年赤字YouTuber

何を隠そう私、美容系YouTuberの顔も持っています（こちらももれなく自称です）。

そして悲しいかな、驚くほどバズっていません！　特に、本業を謳う美容動画なんてまったく再生数が伸びません。活動を始めて2年も経つのに、編集代のほうが高くつく、自己満足度だけが高い現状です。

100万超再生を何本も飛ばす、人気YouTuberの友人がいます。天真爛漫な彼女とは、たまに会ってお茶をする関係です。

伸び悩む私を前に、明るい声で一言。

「大ちゃんのＹｏｕＴｕｂｅってずっとこんな感じ（＝低空飛行）だから、落ちていく心配もないじゃん！　気楽にやれて、良くない？」

良いわけがない。こう見えて、こちとらガチなのです。

イエベと、ブルベと、時々、ワタシベ

雑誌、ＴＶ、ＹｏｕＴｕｂｅなど、美容にまつわるコンテンツは、世に溢れています。

ＳＮＳを中心に、美に関する様々な新しい考え方や価値観が一気に普及するようになりました。「イエローベース（イエベ）」と「ブルーベース（ブルベ）」といった、自分の肌の色味に基づいた「パーソナルカラー診断」の考え方などが代表例です。

この概念のおかげで私たちは、肌に合わせやすい〝得意とする色味〟を随分と選びやすくなりました。色彩学を基にした「似合う色」なので、確かに、知っておくととても心強い！

突然ですが、皆さんにとって、美容とは何ですか。

私が思う美容とは、「自分を許す」ということ。

目の前の自分が、理想とする自分から遠かったとしても。
等身大の自分を、諦めずにはいられない。
明日、今日より1ミリでも綺麗になれたら、という無数の願い。

様々な情報を同時多発的に受け取ることができる時代です。手元の画面に届くたくさんの情報や価値基準は、時に〝ルール〟のように浸透することもあります。

今改めて、自分自身も忘れずにいたいことがあります。

美容には「これが絶対！」というルールは存在しないということ。

診断された「得意な色」や「おすすめの色」はきっと似合う選択ですが、必ずしも「絶対に選ばなければならない色」ではないはずです。

その色をお守りのように大切にしながら、時には診断結果とは真っ向反対だったとしても、自分が好きなときめく色を、思うままに選べる自分でいられたらカッコいい。

イエローベースでも、ブルーベースでもない、
自分の好きに真っ直ぐな、〝ワタシベース〟。
たまには色彩学から外れて、〝ワタシベ〟が似合う大人になりたい。

明日はどんな自分でいこう。

選んだ色を「今日もキレイね」と思える自分が、
鏡の前にいますように！

実質0円の美容液

「吹き出す危険があるので、電車の中では観られません」
「寝かしつけた子どもが起きてしまいました」

私のYouTubeに寄せていただいた、視聴者さまからのありがたいお声です。なぜか美容の〝美〟の字も出てきません。

でも素直に、本当に嬉しい！　顔だけが取り柄だと思ってきた私ですが（え）、誰かを笑顔にすることができていると知ると、この方向で懲りずに続けてみようというパワーが湧いてきます。

私の動画の合い言葉は「笑いは、心の美容液」。

お金もかからず、ダウンタイムも、馴染ませるなど面倒な手間もない！
コスパのいい〝笑い美容〟を、これからも皆さんと緩やかに楽しみたいです。

お酒もあまり飲みに行きませんし、出費のかさむ趣味や習いごともなく、ついでに彼氏もいない私ですが、〝月額やや高めの自己満足〟ということで、これからも自信を持って、ゆるく低空飛行でやっていこう。

画面の向こうにたくさんの笑い声や笑顔、心の美容があることを信じて、これからも自由にやっていけたらと思います。

大きな声で、Be Happy！

私の座右の銘は「Be Happy！」。普段から声の大きい私ですが、このフレーズはさらに大きな声で言ってしまいます。YouTubeの冒頭も「大ちゃんチャンネル、Be Happy！」というタイトルコールで始まります。

Be Happy.

直訳すると、**「幸せであれ」**。（急に上から目線で驚きを隠せません）

それぞれ忙しい毎日の中、
観てくださる方へ感謝を込めて。Ｂｅ　Ｈａｐｐｙ！
今日もお疲れさまです！
明日もどうか、なんとか乗り越えられますように。Ｂｅ　Ｈａｐｐｙ！
そんな日もあるよ！
ひとり孤独を煮詰めそうな夜も。Ｂｅ　Ｈａｐｐｙ！
様々な願いをその一言に託して、元気よく届けています。

「Be Happy！」

今、皆さんはハッピーですか？

人生がたちまち喜びで満たされるほどの大きな幸せを、毎日見つけるのは難しいことです。幸せを探して彷徨《さまよ》っている時は、つい他所《よそ》ばかりに目がいってしまうもので、実はその両手に既にたくさんの幸せを摑んでいることに、気づくことができません。

その幸せとは、奇跡が重なって手にしているものばかりです。

障害を持って生まれて、
性のチガイに苦しんで、
そんな自分を許すことができなくて。
悲しみから目を遠ざけようとしていたあの日の私は、
不幸だったでしょうか。

そんなことはありません。

障害は私に、個性というギフトをくれました。
性のチガイは私の人生に、彩りをくれました。

ポケットに隠すことで初めて、守ることのできた自由もありました。

その時は当たり前すぎて気づけなかったのですが、いつも側には家族や、
友達、そして諦めずに立ち上がろうとし続けた自分がいました。
そして今は画面や、この本の向こうに、もっとたくさんの仲間がいます。
感謝しかありません。

両手に溢れるたくさんの奇跡に気づくことができた今の私は、
もっと、幸せです。

見つけようとしないと見つからない小さなハッピーを、
全部だきしめて、きみと歩いて行こう。

大好きなあの曲を流して、大好きなあの入浴剤を入れて、
今夜はゆっくりお風呂に浸かろう。
のぼせる手前で上がって、ぱぱっとスキンケア。
ありのままの私に戻ったら、ライブをしよう。

窓の外には、三日月が光っている。
アナタにも、届きますように。
きっと明日も、Be Happy！

三上大進《みかみだいしん》

大学卒業後、外資系化粧品会社でマーケティングに従事。2018年に日本放送協会入局。業界初となる障害のあるキャスター・リポーターとして採用され平昌2018、東京2020パラリンピックにてリポーターを務める。生まれつき左手の指が2本という、左上肢機能障害を持つ。また、自身がセクシャルマイノリティであることをカミングアウトしている。現在はスキンケア研究家として活動し、スキンケアブランド「dr365」をプロデュース、運営。

Instagram:@daaai_chan

撮影　岩谷優一（vale.）
スタイリング　FUKAMI
ヘアメイク　George
イラスト　平のゆきこ
デザイン　羽鳥光穂
編集協力　前田美保
伊藤輔（古舘プロジェクト）

ひだりポケットの三日月《みかづき》

2024年7月22日　第1刷発行

著　者　三上大進《みかみだいしん》
発行者　清田則子
発行所　株式会社 講談社
〒112-8001 東京都文京区音羽2-12-21
電　話　03-5395-3469（編集）
03-5395-3606（販売）
03-5395-3615（業務）
印刷所　株式会社 新藤慶昌堂
製本所　株式会社 国宝社

落丁本・乱丁本は購入書店名を明記のうえ、小社業務あてにお送りください。送料小社負担にてお取り替えいたします。なお、この本についてのお問い合わせは、VOCE編集チームあてにお願いいたします。本書のコピー、スキャン、デジタル化等の無断複製は著作権法上での例外を除き、禁じられています。本書を代行業者等の第三者に依頼してスキャンやデジタル化することは、たとえ個人や家庭内の利用でも著作権法違反です。定価はカバーに表示してあります。

©Daishin Mikami 2024,Printed in Japan
194p 19cm ISBN 978-4-06-535102-4

KODANSHA